CON GRIN SU CONOCIMIENTOS VALEN MAS

Anja Nikodem

La Teoría de los 1960/70 comparado con la Teoría de Hoy, referiendose a las Revoluciones

GRIN Verlag

Bibliografische Information der Deutschen Nationalbibliothek:

Die Deutsche Bibliothek verzeichnet diese Publikation in der Deutschen National-
bibliografie; detaillierte bibliografische Daten sind im Internet über http://dnb.d-
nb.de/ abrufbar.

Imprint:

Copyright © 2007 GRIN Verlag GmbH
Druck und Bindung: Books on Demand GmbH, Norderstedt Germany
ISBN: 978-3-656-18740-0

This book at GRIN:

http://www.grin.com/es/e-book/193485/la-teoria-de-los-1960-70-comparado-con-
la-teoria-de-hoy-referiendose-a

GRIN - Your knowledge has value

Der GRIN Verlag publiziert seit 1998 wissenschaftliche Arbeiten von Studenten, Hochschullehrern und anderen Akademikern als eBook und gedrucktes Buch. Die Verlagswebsite www.grin.com ist die ideale Plattform zur Veröffentlichung von Hausarbeiten, Abschlussarbeiten, wissenschaftlichen Aufsätzen, Dissertationen und Fachbüchern.

Visit us on the internet:

http://www.grin.com/

http://www.facebook.com/grincom

http://www.twitter.com/grin_com

**La Teoría de los 1960/70s comparado con la Teoría de Hoy,
referiendose a las Revoluciones**

Indíce

Introducción

El tema general del presente ensayo son las Revoluciones en el Siglo XX. De las revoluciones todo se ha escrito, por lo que la aportación de este ensayo es comparar teoría revolucionaria. Se presenta una comparación de dos épocas: la teoría de hace dos décadas, 60's y 70's, con la teoría actual. La delimitación del espacio geográfico abarca solamente a Latinoamerica.

Respecto a la primera época, se describe la teoría de Hannah Arendt, que desarrolla ampliamente en el libro *Sobre la Revolución* (primera edición 1962) y la de Peter Calvert, con su libro *Análisis de la Revolución* (primera edición 1972). Sobre la actualidad, este período inicia a partir de 1995. Los dos teorias actuales a las que remite el ensayo, son las de Eric Selbin y Jeff Goodwin, que publicaron sus ensayos en la antología *Revolution International Dimensions*. Se presentan las teorías y se comparan entre sí. Se eligió la descripción de dos teorias distintas en cada época para poder realizar el análisis comparativo. Cabe señalar que este ensayo forma una mínima parte de un total, debido a la gran variedad de teorias en todos los tiempos, en cualquier época. Por otra parte, de esta manera – más específica - es posible la realización del ensayo a partir de las fuentes primarias.

I. Concepto de la Revolución de los 1960s/ 70s

I.1. Hannah Arendt

La filósofa - de origen alemán - compara la Revolución Francesa con la Revolución Americana en su libro *Sobre la revolución*. La pregunta que responde es: ¿qué influencias tienen las dos revoluciones sobre los revoluciones del Siglo XX ?

Arendt (1962) afirma que la Revolución Americana tiene una "noinfluencia". La única influencia es la situación social en Estados Unidos en aquella época: no había una pobreza tal como en Europa. De esta manera, hay una motivación sumamente importante: la cuestión social está vinculada con la motivación economica. Los dos tienen un rol primordial en la revolución. Lo anterior surge en la Edad Moderna cuando los seres humanos empiezan a dudar que la pobreza sea inherente a la condición humana (Arendt: 1988, 24f).

Por el contrario, la Revolución Francesa tiene un papel importantísimo en los revoluciones del Siglo XIX y XX. Incluso las revoluciones del Siglo XX tienen como antecedente a la Revolución Francesa. La historia siempre esta presente en nuestra actualidad.

Arendt (1962) señala que con una revolución el curso de la historia comienza de nuevo (Arendt: 1988, 50).

Las referencias comunes de Arendt son la revolución y la guerra. Para la autora, la revolución - que existe desde hace la Edad Moderna - se basa en la libertad, definida como la libertad de actuar o "la causa de la libertad contra la tiranía" (Arendt: 1988, 11). Por el contrario, la guerra solamente pocas veces tiene como meta la libertad, a pesar de ser tan antigua como la existencia humana. La interrelación entre la guerra y la revolución se basa en la violencia (Arendt: 1988, ff). Para Arendt (1962) la violencia describe el origen de la humanidad, en la Biblia se menciona una idea similar cuando Caín mata a su hermano Abel. Así la violencia está presente en el origen de la revolución y representa un factor de suma importancia durante un proceso revolucionario (Arendt: 1988, 20) . Además de la libertad y la violencia, menciona la noción de la novedad para definir a una revolución:

"Ni la violencia ni el cambio pueden servir para describir el fenómeno de la revolución; sólo cuando el cambio se produce en el sentido de un nuevo origen, cuando la violencia es utilizada para constituir una forma completamente diferente de gobierno, para dar lugar a la formación de un cuerpo político nuevo, cuando la liberación de la opresión conduce, al menos, a la constitución de la libertad, sólo entonces podemos hablar de revolución." (Arendt: 1988, 36)

La autora afirma que todas las revoluciones son cristianas en su origen, debido a que las ideas del cristianismo - como "la igualdad de las almas antes del Dios" y el "Reino de los Cielos" - se encuentran en forma secularizada en las revoluciones. Pero la doctrina cristiana, en sí misma, no es revolucionaria, sino que es más bien la modernidad da nacimiento al fenómeno de la revolución (Arendt: 1988, 26f).

Otro aspecto de importancia es el nacimiento de dicho fenómeno, que es cuando apareció por primera vez la palabra "revolución"(Arendt: 1988, 36). Es claro que el lenguaje político premoderno no faltaban las palabras para describir la rebelión, pero no existía palabra alguna para describir un cambio tan radical - como el de transformación - que tiene la revolución (Arendt: 1988, 42). Por primera vez se usó la palabra "revolución" el catorce de julio de 1789 en París. Hubo una conversación entre el Rey Luis XVI y su mensajero: *"C'est une révolte?" "Non, Sire, c'est une révolution"* (Arendt: 1988, 49). Para Arendt (1962), con la Revolución Francesa comenzaron las revoluciones. Desde la Revolución Francesa, la motivación para integrarse (o apoyar) a una revolución son los Derechos del Hombre (Arendt: 1988, 47).

I.2. Peter Calvert

En el libro *Análisis de la Revolución* (primera edición 1972), Calvert estudia la revolución desde "su aspecto político, mediante la elaboración de un modelo de la revolución definido en términos de poder" (Calvert: 1974, 15). Además da una noción sobre los teóricos que estudian la revolución. Según Calvert (1972), no hay una definición para la revolución. Pero las revoluciones contemporáneas son vistas desde las revoluciones pasadas, ya realizadas.

En comparación con la Revolución Francesa hay ciertos hechos que se pueden generalizar:

1.) "Un proceso a través del cual la dirección política del Estado se desacredita cada vez más ante los ojos de la población en general.

2.) Un cambio de gobierno – transición - en un momento que está claramente definido, logrado por el empleo de la fuerza armada o de la amenaza verosímil de recurrir a ella, es decir, de un acontecimiento.

3.) Un programa de cambio - más o menos coherente - en las instituciones políticas o sociales del Estado. O incluso en ambas, auspiciado por la dirección política ya después de que se ha producido el cambio de poder.

4.) La creación de un mito político que da al gobierno resultante de una transición revolucionaria de corta duración, un status de gobierno legítimo del Estado" (Calvert: 1974,16f).

Además hay otros hechos comunes como que el cambio político es violento y los movimientos revolucionarios presuponen la existencia de cierto tipo de orden social y político. Así para el desarrollo de una teoría de la revolución es importante también formular una teoría sobre el gobierno al mismo tiempo. Las revoluciones están referidas a un tiempo y a un espacio geográfico específicos, con la participación de indiviuos y con la ayuda ya sea interna o del extranjero (Calvert. 1974, 30).

Para el autor el acontecimiento en sí mismo es la condición más importante, porque así se clasificar claramente a un movimiento como una revolución (Calvert: 1974, 18). Esto es precisamente lo que deben demostrar los estudios sobre las revoluciones. Pero hay que revisar cuidadosamente dichos estudios debido a que los historiadores pueden estar en favor o en contra de una revolución, no es posible que exista la neutralidad (Calvert: 1974, 24f).

Calvert (1972) argumenta que la revolución política no está necesariamente asociada con el cambio social, o viceversa. Hay que desarrollar una teoría psicodinámica y ver al revolucionario como un político, que opera en un estado negativo de la sociedad (y no positivo) en el cual quedan suspendidas las inhibiciones contra la acción violenta por parte de los individuos. Consecuentemente, los revolucionarios fracasan en sus esfuerzos por razones que son esencialmente políticas, que se derivan de sus propias limitaciones para comprender la situación en que se encuentran. Igualmente, su motivación es propia y personal, por ejemplo que su vida o su posición en la sociedad estén en peligro. Además está la motivación "patriótica" de que un grupo se encuentre amenazado (Calvert: 1974, 257ff).

En general todas las revoluciones tienen un factor común. Las sociedades en las cuáles no hay revoluciones, Calvert (1972) las designa como "más ordenadas". Dichas sociedades también aceptan que en otras sociedades hay revoluciones. En este contexto, el autor introduce una crítica a la revolución y los revolucionarios. Las revoluciones son acciones colectivas de un carácter precivilizado. El ser humano es visto por Calvert (1972) como un animal migratorio que tiene una característica esencial del primate. Aunque el animal habla, sus motivaciones no son principalmente sociales o éticas. Así las revoluciones en primer lugar son un acto de agresión aplicadao con la finalidad del cambio del centro de autoridad. Con la revolución el ser humano regresa a un estado más "primitivo" (Calvert: 1974, 262ff).

Además Calvert (1972) estudia las revoluciones de dicha época y como se distingen de las pasadas. La técnica de los gobiernos y por parte de los mismos revolucionarios ha mejorado, la duración de los movimientos ha disminuido, y se han hecho más centralizados y eficientes. Pero no es que la revolución se haya vuelto más compleja, sino la sociedad. Esto se nota en cuatro aspectos que se mencionan a continuación:

1) "El mejoramiento técnico de las armas que permite matar por gran distancia, una sola persona puede matar muchas personas. El autor lo interpreta de la siguiente manera; en tiempos de trastornos revolucionarios, los hombres regresan a los atributos primitivos de la autoridad.

2) El desarrollo social de la maquinaria burocrática, un grupo reducido conserva control general sobre gran número de personas. Pero se les aísla de quiénes son controlados por ellos.

3) El mito moderno del Estado o contra-Estado es de carácter secular. Lo cual resulta en una idealización del Estado, pero sigue partiendo de la premisa básica de que el Estado continúa siendo una reunión de seres humanos falibles e inseguros.

4) El aumento de los controles sociales en el Estado moderno como arma de dos filos: puede atenuar los impulsos perjudiciales para lograr un cambio político pero también puede atenuar los benéficios" (Calvert: 1974: 291f).

"Para concluir, las revoluciones constituyen una actividad política en toda forma. Se presentan de acuerdo con ciclos regulares, frecuentemente, y en un bajo nivel. Están sujetas a ciertas reglas generales respecto al alcance y calidad de la fuerza empleada por ambos bandos. Surgen principalmente por una motivación individual, pero apelada a instintos que no solamente son generales, sino también básicos para la aparición de la sociedad humana. Su supervivencia refleja en el hombre moderno el residuo de una forma primitiva de organización social. Por lo tanto, el proceso de caída y surgimiento de los gobiernos tiende a reflejar las características de la aparición de la propia sociedad" (Calvert: 1974, 294f). Un mejoramiento en las condiciones de la vida de los seres humanos sería la única forma de evitar a las revoluciones, pero todavía falta mucho por lograr (Calvert: 1974, 295).

I. 3. Síntesis entre ambos autores

Arendt (1962) y Calvert (1972) vinculan a las revoluciones con EL acto de violencia que tiene como meta tomar el poder y cambiar el gobierno o transformar la sociedad radicalmente. Para interpretar las revoluciones hay que revisar las revoluciones ya realizadas. Mientras que Arendt (1962) enfatiza más en los Derechos del Hombre como motivación primaria y en la necesidad de revolución en un tiempo determinado; Calvert (1972) afirma que los participantes de una revolución actúan primariamente por razones personales y que no existe una necesidad de la revolución como tal, más bien con ésta los seres humanos se reponen en un estadio más "primitivo".

II. El concepto de la Revolución en la actualidad

II. 1. Jeff Goodwin

Para él, la era de la Guerra Fría era la era de las revoluciones ya que después se acabaron las revoluciones. Lo anterior se relacional con la caída del bloque soviético. Argumenta que la brutalidad y la autoridad de muchos gobiernos - incluyendo los del bloque soviético - provocaban los conflictos revolucionarios. En este contexto, un movimiento armado y necesariamente violento fue, muchas veces, la única solución para la populación (Goodwin: 2001, 275f).

Otra razón por la cual no es probable que haya tantas revoluciones como durante la Guerra Fría es la democratización del mundo. Por ejemplo, en el sur de América durante los años ochenta casi no hubo democracias y se libraron revoluciones. Pero quince años después la mayoría de estos países fueron "democratizados". Gracias a las revoluciones en

Centroamérica está sucediendo lo mismo. Y con la democraticazión futura de dicha región ya no serán necesarias las revoluciones (Goodwin: 2001, 276f).

Para Goodwin solamente en la carencia de democracia pueden occurir revoluciones, ya que incluso las democracias inestables no están en favor de procesos revolucionarios. Para presenta diferentes razones:

- La democracia pacifica e instituciona – pero no elima – a muchas formas de conflictos sociales.
- La democracia tiene elecciones, así que el pueblo puede cambiar a un gobierno.
- Además en las democracias la populación tiene la posibilidad de demostrar su displicencia mediante las protestas y manifestaciones, y es más probable que obtenga la complacencia por parte de las élites economicas y politicas (Goodwin: 2001, 277).

Además argumenta que hoy en día sí existe desigualdad y probreza. Pero de esto se ocupa la sociedad civil con acciones colectivas que no tienen como meta tomar el poder estatal. Con otros movimientos logran influir o presionar al Estado. Así la pobreza y la dominación del Norte sobre el Sur ya no es suficiente para causar revoluciones. Revoluciones son consideradas como el último instrumento para lograr un cambio social (Goodwin: 2001, 278).

Para el autor es probable que la democratización continué debido a que las elites - también el sector militar - saben y conocen el costo económico de la violencia política y el desorden. La globalización también disminuye la probabilidad de revoluciones, debido a la interdependencia. Por lo tanto, la democratización disminuye los procesos revolucionarios porque la motivación de la gente no alcanza al riesgo que la revolución. En lugar de ello, se buscan – y se usan - otras maneras para resolver los conflictos sociales (Goodwin: 2001, 280).

II.2. Eric Selbin

El autor difiere de la teoría anterior. Para él, la democratización no ocasiona el declive de las revoluciones, ya que está no es capaz de proteger a la población de los problemas economicos. Además hay democracias corruptas que se rigen con la militarización.

Con un enfoque en Latinoamérica, Selbin afirma que durante los últimos veinte años la pobreza se ha aumentado y que se relaciona con el comercio libre que promueven muchos gobiernos latinoamericanos. Si bien es cierto que la democratización ha aumentado en Latinoamerica en la actualidad y que hay esfuerzos para mejorar la situación respecto a los Derechos Humanos y la dignidad; las democracias son débiles o "mínimas". La mayoría está excluida y la élite tiene el poder, lo que ocasiona una marginalización de ciertos grupos como los indígenas. En estas circunstancias, las democracias de Latinoamérica están marcadas por la inestabilidad (Selbin: 2001, 284). Por lo tanto, hay procesos revolucionarios en Columbia, México y Perú, y es probable que haya más revoluciones, porque la población continuará luchando por la justicia y la dignidad. Sin embargo, ¿nosotros vemos estas luchas como revoluciones o no? Selbin afirma que son revoluciones y presenta una noción de que por sentido común es imposible que ya no haya revoluciones en la actualidad (Selbin: 2001, 286).

Para Selbin, las revoluciones poseen una visión radical de la transformación de la sociedad. Los actores de una revolución quieren rehacer su mundo y logran controlar las estructuras estatales, para después poder transformar algunas facetas importantes de la sociedad. Para los revolucionarios, los modelos como el neoliberalismo o la democracia liberal funcionan para resolver los problemas que provocan los cambios globales, como que la desigualdad y la brecha entre ricos y pobres están aumentando (Selbin: 2001, 287).

Además en la memoria colectiva - e individual – persiste la revolución como la posibilidad de crear un nuevo mundo. La gente habla sobre rebeliones, las revoluciones están en su historia.

"The point is that all of our understanding are derived from who and what we are, particularly as revealed by the stories we tell and the ideology and ideas that they reflect, facets deeply embedded in the culture we create." (Selbin: 2001, 289)

Así Selbin propone entender que el mundo como lo vemos nosotros no es como lo ven otras personas; como señala una oración de la Comandante Zapatista Ramona[1], quién dice que su pueblo ha luchado durante quinientos años y seguirá con esa lucha. Se entiende que la gente vive en su tiempo, que muchas veces puede ser más mitologico que cronológico. Nuestra visión del mundo y nuestra realidad social no es lo mismo para otras personas. Es por esto, que en Chiapas y otras regiones del mundo hay revoluciones. El autor señala que los latinoamericanos crean al mundo con sus propios elementos, primeramente historicos y posteriormente vinculados con el realismo mágico (Selbin: 2001, 289).

Para entender las revoluciones en el Nuevo Orden Mundial, Selbin utiliza el concepto del realismo mágico. Así como en el realismo mágico la mezcla de la realidad con elememtos mágicos se encuentra en la cultura lationamericana. Por eso mismo, ¿que puede ser más

---

[1] Referiendose al movimiento de la EZLN en Chiapas, México. En dicho movimiento también se notan algunos rasgos que diferencian la revolución desde el final de los ochenta del periodo anterior. Se habla de la participación del indígena y de no tomar el poder estatal (Sosa: 1998, 10).

mágico que encontrar y crear un nuevo mundo? Muchos revoluciones tienen elementos mágicos como los cuentos del Viejo Antonio que cuenta el Subcomandante Marcos.

Si pensamos en las revoluciones de los últimos dos siglos, tal vez sí nos encontramos al final de la era de las revoluciones. Pero si lo vemos con los ojos y la mente de la gente excluida del desarrollo, que viven en la miseria y por eso luchan para mejorar el mundo, sí hay revoluciones, son más mágicas (Selbin: 2001, 292f).

II. 3. Síntesis entre ambos autores

Ambos tienen la teoría de que las democracias y las revoluciones están vinculadas, pero las visiones sobre la democratización difieren. Así Goodwin menciona que en la mayor parte del mundo hay democracia y, por lo tanto, la era de los revoluciones ha terminado. Al contrario Selbin menciona que muchas democracias, como en Latinoamérica, son inestables y por eso mismo habrá más revoluciones.

Hay una diferencia en las definiciones de revolución en lo referente al poder. Para Goodwin se basa en tomar el poder estatal como en la Revolución Francesa o la Revolución Mexicana. Para Selbin son transformaciones radicales, pero no son necesariamente para tomar el poder estatal. Argumenta que en la cultura de Latinoamérica, la revolución está arraigada y por falta de igualdad habrá más revoluciones. Así que quedan dos pregunta latentes: ¿Podemos llamar a las revoluciones de hoy como "revolución" Y, ¿si vamos a ver más revoluciones en el futuro?

III. Comparación de ambos conceptos de Revolución: pasado y actualidad

Según los autores de ambas épocas, las motivaciones primarias de la gente que integran a una revolución no han cambiado mucho. Me refiero a los Derechos de Hombre, la igualdad y la democracia. La excepción es Calvert cuya visión es que los integrantes primariamente tienen motivaciones personales.

En las décadas de los sesenta y los setenta, la referencia a la Revolución Francesa era demasiado fuerte pero eso cambió por otro hecho. El curso de la historia promovió un cambio: el final de la Guerra Fría, a partir de la cual los teóricos hablan de una nueva época. Y en dicha época hay dos visiones: se transforman las revoluciones o que ya no son necesarias en la actualidad. Selbin y Godwin se preguntan si un hecho historico puede cambiar o desminuir el fenomeno de las revoluciones en contraparte con Arendy y Calvert que ven las revoluciones como un hecho común.

IV. Conclusiones

Para comparar estas cuatro teorías, es preciso entender que son hechas por la historia y dependen de un espacio geografíco. Las teorias cambian, se modifican y amplían por diferentes razones:

- Dependen de los estudiosos que experimentan diferentes situaciones sociales, economicas y politicas, como el final de la Guerra Fría.
- Se refieren a las Revoluciones existentes.

De cada teoría es posible encontrar aportaciones, como el ejemplo de Arendt de entender la revolución a través la Revolución Francesa. O los consejos de Selbin que hay que ver los fenómenos a partir de la gente que están envuelta en éstos. También la noción de ver con los ojos y mente del otro, porque al final no somos neutrales y reaccionamos de acuerdo a las situaciones socioeconómicas que vivimos. Por lo tanto, se debe comparar y analizar a cada teoria sin prejuicios ni etnocentrismo, sino con sabiduría.

Bibliografía

Arendt Hannah (1988; primera edición: 1963)
    Sobre la Revolución. Alianza Editoral. Madrid.

Calvert, Peter (1974; primera edición: 1972)
    Análisis de la Revolución. Fondo de la Cultura Económica, México D.F.

Goodwin, Jeff (2001)
Is the Age of Revolutions Over? En: Katz, Mark N. (Ed.) : Revolution International Dimension. Congressional Quarterly Inc., Washington D.C.

Selbin, Eric (2001)
Same as It Ever Was: The Future of Revolution at the End of the Century. En: Katz, Mark N. (Ed.): Revolution International Dimensions. Congressional Quarterly Inc.,Washington D.C.

Sosa, Ignacio (1998):
Presentación. En: Sosa, Ignacio (Coordinador): Insurrección y Democracia en el Circuncaribe. Universidad Nacional Autónoma de México, México D.F.